hindi KAY BOL

मैं हूँ कौन?

यह किताब......................की है।

लेखन और चित्रांकनः 'हिन्दी के बोल' समूह

www.hindikaybol.com

Designed by 'www.arcreativewings.com'

www.hindikaybol.com

Follow us on Facebook/ Instagram
@ hindikaybol to find out about live online classes.

ISBN 978-93-5566-713-7

सभी चित्रकारों को धन्यवाद!

Thanks to the illustrators of this book for giving it life.

- Aadya Rao
- Aanya Chakravarti
- Aarna Rao
- Anushka Patel
- Avni Manish
- Farhan Kittur
- Girish Prasad
- Miraya Singhal
- Rohan Ponnaboyina
- Tanishi Chakravarti
- Vivaan Patel
- Yash Ponnaboyina

Special thanks for 'Cover art'

Avyan Singhal, Aadya Aggarwal,
Aarish Gupta, Miraya Singhal

... **Priya**...

[1]सफ़ाई मेरा दूसरा नाम

घर हो या [2]दुकान

लेकिन जादू की [3]दुनिया में

[4]उड़ना मेरा काम

---

1. Cleaning 2. Shop 3. World 4. To fly

आद्या राव

[1]सिक्का हूँ मैं [2]चांदी का

बढ़ता-घटता हर दिन

कहलाता हूँ [3]मामा

रात [4]अंधेरी मेरे बिन

---

1. Coin 2. Silver 3. Uncle 4. Dark

तनीषी चक्रवर्ती

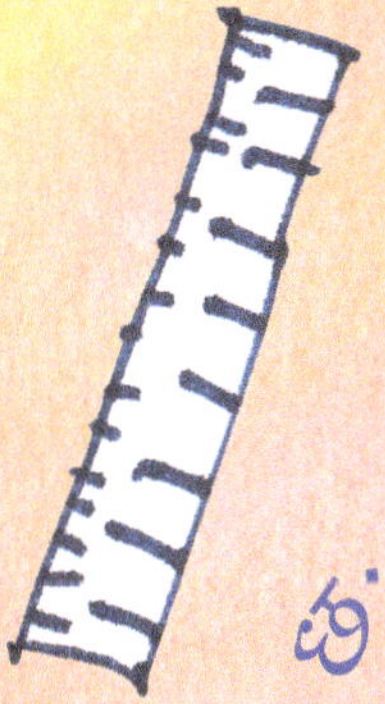

छः फुट से भी लंबा

सूरज से मैं करता [1]प्यार

पीला, सुंदर और बड़ा

[2]भूल-भुलैया का खुला [3]द्वार

1. Love 2. Maze 3. Gate

सूरजमुखी
मिराया सिंघल

कुछ [1]चमकीला और गोल

जिस में दिखते सात रंग

[2]फूँक से मैं ऊपर जाता

लेकिन [3]उंगली से घबराता

1. Shiny 2. Puff of breath 3. Finger

बुलबुला

विवान पटेल

अन्दर सफ़ेद, बाहर से भूरा
एक कभी न पड़ता पूरा

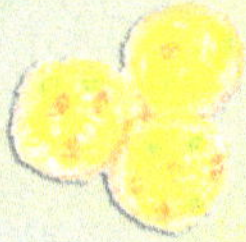

[1]मिठाई का हूँ मैं [2]राजा

गरम-गरम, [3]ताज़ा-ताज़ा

1. Sweets 2. King 3. Fresh

गुलाब जामुन

रोहन पोन्नाबोइना

बहुत [1]नरम बहुत गरम

सब के लिए [2]सेहतमंद

हर सब्ज़ी की [3]सहेली

मैं हूँ एक [4]आसान [5]पहेली

---

1. Soft 2. Nutritious 3. Friend(female) 4. Easy 5. Riddle

आन्या चक्रवर्ती

चलती रहती कभी न [1]थकती
न [2]चप्पल पहने न जूते

तीन हाथ हैं मेरे
जो बारह घरों में [3]घूमें

1. Tired 2. Flip-flops 3. Roam/travel

घड़ी

फरहान किट्टुर

[1]पंख हैं मेरे [2]रंग-बिरंगे

[3]सजते [4]कृष्ण-मुकुट पर

जब-जब होती तेज़ बारिश

[5]नाचता हूँ मैं इन्हें खोल कर

1. Feathers 2. Colorful 3. Adorn 4. Krishna's crown 5. Dance

मोर

आर्ना राव

मैं हूँ घर की [1]रौनक
करती [2]स्वागत धूप का
रखती बाहर [3]अनचाहे
[4]मच्छर, बारिश, ठंड, हवा

1. Splendor 2. Welcome 3. Unwanted 4. Mosquito

खिड़की

अवनि मनीष

[1]बिन [2]गंध का फूल मेरा

बिन [3]डाली का पेड़

बिन [4]बीज का हूँ मैं फल

देखो, [5]छिलके पर न जाना [6]फिसल

1. Without 2. Scent 3. Branch 4. Seed 5. Peel 6. Slip

गिरीश प्रसाद

काला, भूरा या सफ़ेद

तीन हैं मेरे रंग

[1]शहद मुझे लगता है [2]स्वाद

और मछली मेरी [3]मनपसंद

1. Honey 2. Tasty 3. Favorite

भालू
यश पोन्नाबोइना

इडली, डोसा और समोसा
सबकी हूँ मैं [1]साथी

[2]खट्टा, मीठा और [3]तीखा
हर [4]रूप मेरा [5]अनोखा

1. Companion 2. Sour 3. Spicy 4. Form 5. Unique

अनुष्का पटेल

पहेली

Riddle, called पहेली in Hindi, is a question or statement, presented in prose or rhyme form, for someone to guess the answer. It's a brain teaser and develops critical thinking, besides language development.

Many early literary Sanskrit works, typically those of masterminds like Panini (पाणिनि) and Aryabhata (आर्यभट्ट), were composed in the form of verses-short rhyming sentences, because they were easier to memorize and passed on to the future generations. This was at a time when written form of the language wasn't readily available, as there was no mass-production of books.

क्या आप इन चीज़ों के लिए पहेली बना सकते हैं?

Vowels / स्वर (swar)

अ	आ	इ	ई	उ	ऊ	ऋ
a	aa	i	ee	u	oo	ri
ए	ऐ	ओ	औ	अं	अः	
a	ae	o	au	am	ah	

Consonant / व्यंजन (vyanjan)

क	ख	ग	घ	ङ
ka	kha	ga	gh	ng
च	छ	ज	झ	ञ
ca	cha	ja	jha	ña
ट	ठ	ड	ढ	ण
ṭa	ṭha	ḍa	ḍha	ṇa
त	थ	द	ध	न
ta	tha	da	dha	na
प	फ	ब	भ	म
pa	pha	ba	bha	ma

य	र	ल	व
ya	ra	la	va
श	ष	स	ह
sh	sh	sa	ha

क्ष	त्र	ज्ञ
ksh	tra	gya

Printed at Repro India Ltd.